Ilustraciones: Eduardo Trujillo
© SUSAETA EDICIONES, S.A.
Campezo, s/n - 28022 Madrid
Tel.: 913 009 100 - Fax: 913 009 118
www.susaeta.com
ediciones@susaeta.com

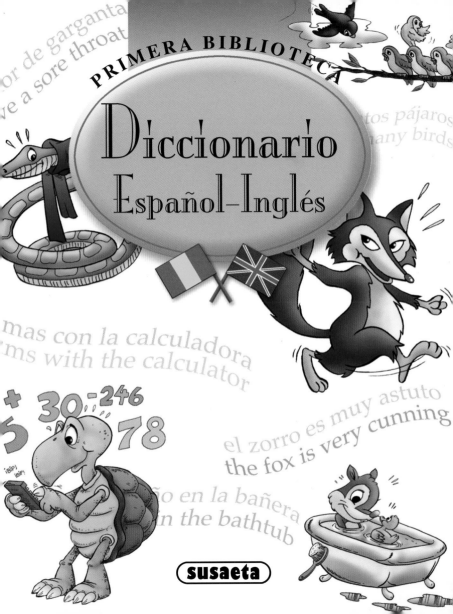

PRIMERA BIBLIOTECA

Diccionario
Español–Inglés

dolor de garganta
have a sore throat

cuántos pájaros
how many birds

sumas con la calculadora
sums with the calculator

el zorro es muy astuto
the fox is very cunning

baño en la bañera
in the bathtub

susaeta

ÍNDICE
INDEX

abajo
down

Las gafas están **abajo** en el suelo.

The glasses are **down** on the floor.

abanico
fan

El elefante no necesita un **abanico.**

The elephant does not need a **fan.**

4

abecedario
alphabet

Laura aprende
el **abecedario**.
Laura learns the **alphabet**.

abeja
bee

Las **abejas** son peligrosas.
Bees are dangerous.

abierto, -a
open

La puerta está **abierta**.
The door is **open**.

abrazar
to hug

Se **abrazan** porque
se quieren.
They are **hugging** because
they love each other.

abrigo
coat

Este no es tu **abrigo**.
This is not your **coat**.

abril
April

En **abril** llueve
un montón.
In **April** it rains a lot.

abrochar
to button

Xavier se **abrocha**
el abrigo.
Xavier **buttons** his coat.

abuelos
grandparents

Estos son mis **abuelos**.
These are my
grandparents.

ácido, -a
acid

El limón sabe **ácido**.
The lemon tastes **acid**.

acordeón
accordion

Ese mendigo toca
el **acordeón**.
That beggar plays
the **accordion**.

---

acostarse, irse a la cama
to go to bed

Los niños se **acuestan** temprano.
Children **go to bed** early.

7

actor
actor

Mario quiere ser **actor**.
Mario wants to be
an **actor**.

acuario
aquarium

Hay peces en el **acuario**.
There are fishes in the
aquarium.

acusar
to accuse

Está muy feo **acusar**.
It is not nice **to accuse**.

adiós
goodbye

Cuando me marcho digo
adiós.
When I leave I say **goodbye**.

adulto, -a
adult

Los mayores
son **adultos**.
Grown-up people
are **adults**.

aeropuerto
airport

Hay aviones en el
aeropuerto.
There are airplanes
in the **airport**.

afeitarse
to shave

Papá **se afeita** todos
los días.
Dad **shaves** every day.

afónico, -a
voiceless

Tengo un resfriado. Estoy
afónica.
I have a cold. I am **voiceless**.

agarrar
to grab

¡No **agarres** la capucha!
Do not **grab** my hood!

agitar
to shake

Agita el jarabe antes
de beberlo.
Shake the syrup before
drinking it.

agua
water

El **agua** es necesaria.
Water is necessary.

agujero
hole

Tienes un **agujero**
en el calcetín.
You have a **hole** in
your sock.

ajedrez
chess

David juega al **ajedrez**.
David plays **chess**.

albañil
bricklayer

El **albañil**
construye casas.
The **bricklayer** builds
houses.

albaricoque
apricot

¡Qué dulces están los **albaricoques**!
How sweet are the **apricots**!

11

alfombra
carpet

Esta **alfombra** está sucia.
This **carpet** is dirty.

algodón
cotton wool

Me limpio la herida con **algodón**.
I clean the wound with **cotton wool**.

---

alimento
food

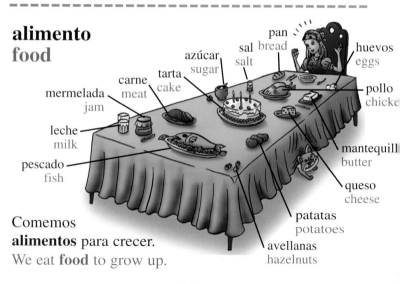

azúcar sugar
sal salt
pan bread
tarta cake
carne meat
mermelada jam
leche milk
pescado fish
huevos eggs
pollo chicken
mantequilla butter
queso cheese
patatas potatoes
avellanas hazelnuts

Comemos **alimentos** para crecer.
We eat **food** to grow up.

ambulancia
ambulance

Las **ambulancias** trasladan enfermos.
Ambulances carry ill people.

amigo, -a
friend

Me gusta tener **amigos**.
I like having **friends**.

andar
to walk

Andar es muy sano.
Walking is very healthy.

animal
animal

búho — owl
vaca — cow
cerdo — pig
caballo — horse
león — lion
jirafa — giraffe
hipopótamo — hippopotamus
ratón — mouse
canguro — kangaroo
elefante — elephant
tortuga — tortoise
pez — fish
caracol — snail
zorro — fox
ardilla — squirrel
oveja — sheep
gallina — hen
pollito — chick
conejo — rabbit
tigre — tiger
oso — bear
rana — frog
perro — dog
gato — cat

¡Mira cuántos **animales**!
Look what a lot of **animals**!

año
year

Un **año** tiene 365 días.
A **year** has 365 days.

apagar
to put out

Los bomberos **apagan**
el incendio.
Firemen **put out** the fire.

aparcar
to park

Xavier **aparca** su moto.
Xavier **parks** his motorbike.

aplaudir
to clap

Todos **aplaudieron**.
Everybody **clapped**.

araña
spider

Me **asustan** las arañas.
I am **afraid** of spiders.

arañar
to scratch

Tu gato me **arañó**.
Your cat **scratched** me.

árbitro
referee

Él es un **árbitro** justo.
He is a fair **referee**.

árbol
tree

En el bosque hay muchos
árboles.
There are many **trees**
in the forest.

ardilla
squirrel

Las **ardillas** comen
nueces.
Squirrels eat nuts.

---

arena
sand

El niño juega
con la **arena**.
The boy plays
with the **sand**.

armario
wardrobe

Guardo la ropa en el
armario.
I keep my clothes in the
wardrobe.

autobús
bus

Me gusta viajar en
autobús.
I like travelling by **bus**.

ayer
yesterday

Hoy es 24 de enero;
ayer fue 23.
Today is January 24th.
Yesterday it was the 23rd.

azúcar
sugar

El **azúcar** endulza
los alimentos.
Sugar sweetens food.

azul
blue

El cielo es **azul**.
The sky is **blue**.

B

babero
bib

El bebé lleva **babero**.
The baby wears a **bib**.

babi
overall

¡Cuelga el **babi**!
Hang up the **overall**!

19

bacalao
cod

Este **bacalao** se conserva
en sal.
This **cod** is preserved
in salt.

bailar
to dance

Me divierte **bailar**.
I enjoy **dancing**.

bailarín, -a
dancer

Quiero ser **bailarina**
de ballet.
I want to be a ballet
dancer.

bajar
to come down

¡Baja!
Come down!

banco
bank

Guardo mi dinero
en el **banco**.
I keep my money
in the **bank**.

bandeja
tray

¡Coloca las cosas
en la **bandeja**!
Set the things on the **tray**!

bandera
flag

Izo la **bandera**.
I hoist the **flag**.

bandido
bandit

Él es un **bandido.**
He is a **bandit.**

bañador
swimsuit

Tengo un **bañador**
de flores.
I have a flowered
swimsuit.

bar
bar

Las bebidas se sirven
en el **bar**.
Drinks are served
in the **bar**.

bañera
bathtub

Me baño en la **bañera**.
I have a bath in the **bathtub**.

baraja
cards

Les gusta jugar
a la **baraja**.
They like playing **cards**.

barba
beard

¡Qué **barba** tan larga!
What a long **beard**!

---

barbilla
chin

Tienes un grano en la
barbilla.
You have a pimple
on your **chin**.

barco
ship

El **barco** navega
por el mar.
The **ship** sails the seas.

batido
milkshake

¡Este **batido** está
muy rico!
This **milkshake** tastes
good!

batuta
baton

El director levanta la **batuta**.
The conductor raises his
baton.

baúl
chest

¡Qué **baúl** tan pesado!
What a heavy **chest**!

bazar
bazaar

En el **bazar** venden muchas
cosas.
Many things are sold
in the **bazaar**.

bebé
baby

Este **bebé** es travieso.
This is a naughty **baby**.

---

beber
to drink

El cerdo **bebe** leche.
The pig **drinks** milk.

bellota
acorn

Los cerdos comen
bellotas.
Pigs eat **acorns**.

bengala
sparkler

Tengo **bengalas**
de colores.
I have coloured
sparklers.

besar
to kiss

Beso a mi mamá.
I **kiss** mum.

biberón
baby's bottle

Ya está preparado
el **biberón**.
The **baby's bottle**
is ready.

biblioteca
library

En la **biblioteca** hay
muchos libros.
There are many books
in the **library**.

bicicleta
bike

Mi abuelo monta en **bicicleta**.
My grandfather rides a **bike**.

bicho
bug

¡Qué **bicho** tan raro!
What an odd **bug**!

bigote
moustache

Mi padre tiene **bigote**.
My father has a **moustache**.

billar
billiards

Daniel juega al **billar**.
Daniel plays **billiards**.

billete
banknote

He encontrado un **billete**.
I have found a **banknote**.

biombo
folding screen

Tengo un **biombo**.
I have a **folding screen**.

bizcocho
cake

¡Qué **bizcocho** tan
delicioso!
What a tasty **cake**!

blanco, -a
white

El caballo **blanco** viene
hacia aquí.
The **white** horse comes
here.

blando, -a
soft

El chicle es **blando**.
Bubble gum is **soft**.

blusa
blouse

Mi madre me dio
una **blusa**.
My mother gave me
a **blouse**.

boa
boa

Las **boas** no tienen patas.
Boas have no legs.

boca
mouth

¡Qué **boca** tan grande!
What a big **mouth!**

bocadillo
sandwich

¿Vas a comerte ese
bocadillo?
Are you going to eat
that **sandwich**?

bocina
horn

Me gusta el sonido
de esta **bocina**.
I like the sound of this
horn.

boda
wedding

Me gustan las **bodas**.
I like **weddings**.

bodega
cellar

Guardo el vino en la **bodega**.
I keep the wine in the **cellar**.

boina
beret

Tu abuelo lleva una **boina**.
Your grandfather wears a **beret**.

---

bolera
bowling alley

Voy a la **bolera**.
I'm going to the **bowling alley**.

bolígrafo
ball-point pen

Mi **bolígrafo** está roto.
My **ball-point pen** is
broken.

bolsillo
pocket

Estos **bolsillos** están
vacíos.
These **pockets** are empty.

bolso
handbag

¿Es este tu **bolso**?
Is this your **handbag**?

bombero, -s
fireman,
firemen

Los **bomberos** apagan
incendios.
Firemen put out fires.

bombilla
bulb

La **bombilla** alumbra
el cuarto.
The **bulb** lights the room.

bombón
chocolate

A Flora le gustan los
bombones.
Flora likes **chocolates**.

bordado
embroidery

¡Qué **bordado** tan bonito!
What a nice **embroidery**!

borracho, -a
drunk

Es muy triste estar
borracho.
It is very sad to be **drunk**.

bosque
forest

Me gusta pasear por el **bosque**.
I like walking round the **forest**.

bostezar
to yawn

Bostezo cuando me da sueño.
I **yawn** when I get sleepy.

botar
bounce

Mi pelota **bota**.
My ball **bounces**.

botella
bottle

Mando un mensaje en la **botella**.
I send a message in the **bottle**.

botón
button

¿Es tuyo este **botón**?
Is this **button** yours?

brazo
arm

Tengo un **brazo** roto.
I have a broken **arm**.

broche
brooch

¡Qué **broche** tan
reluciente!
What a shiny **brooch**!

broma
joke

¡Ja, ja! ¡Es una **broma**!
Ha, ha! It is a **joke**!

bruja
witch

La **bruja** tiene un gran sombrero.
The **witch** has a big hat.

brújula
compass

La **brújula** señala el norte.
The **compass** points North.

---

bufanda
scarf

Mi abuela teje una **bufanda**.
My grandmother knits a **scarf**.

búho
owl

El **búho** vigila por la noche.
The **owl** watches at night.

caballo
horse

¡Vamos a montar
a **caballo**!
Let's ride a **horse**!

cabeza
head

Llevo una cinta en la
cabeza.
I'm wearing a ribbon
on my **head**.

37

cabra
goat

La **cabra** vive en el campo.
The **goat** lives in the country.

cacahuete
peanut

Los monos comen **cacahuetes**.
Monkeys eat **peanuts**.

cacatúa
cockatoo

¡Qué **cacatúa** tan graciosa!
What a funny **cockatoo**!

cacerola
pan

Guisamos la comida en **cacerolas**.
We cook food in **pans**.

cactus
cactus

El **cactus** pincha.
The **cactus** pricks.

caer
to fall down

¡Me **caí**!
I **fell down**!

café
coffee

¡Qué **café** tan delicioso!
What a delicious **coffee**!

caimán
alligator

Los **caimanes** son
peligrosos.
Alligators are dangerous.

caja
box

¿Qué hay en esta **caja**?
What is in this **box**?

cajón
drawer

Guardo la cubertería
en el **cajón**.
I keep the cutlery
in the **drawer**.

calcetín
sock

Tienes que coser
el **calcetín**.
You have to sew your
sock.

40

calculadora
calculator

Compruebo las sumas
con la **calculadora**.
I check the sums
with the **calculator**.

---

calendario
calendar

Miro en un **calendario**
qué día es hoy.
I look at today's date on
the **calendar**.

calor
heat

¡Hace excesivo **calor**!
The **heat** is too much!

calle
street

tapia
wall

árbol
tree

farola
street-lamp

autobús
bus

cantante
singer

músico
musician

taxi
taxi

papelera
litter bin

acera
pavement

guardia
policema~~n~~

parada
del
autobús
bus stop

camión
lorry

cochecito
pram

semáforo
traffic light

moto
motorbike

bicicleta
bicycle

42

cama
bed

Esta es mi **cama.**
This is my **bed.**

camarero
waiter

El **camarero** me trae
un refresco.
The **waiter** brings me
a cold drink.

---

camilla
stretcher, hospital bed

El paciente está tumbado
en la **camilla**.
The patient lays on the
hospital bed.

camino
path

¿Qué **camino** lleva
al castillo?
Which is the **path**
to the castle?

camión
lorry

Este **camión** lleva fruta.
This **lorry** carries fruit.

camisa
shirt

Te has manchado
la **camisa**.
You have dirtied your
shirt.

camiseta
vest

Llevo **camiseta**
en invierno.
I wear a **vest** in winter.

camisón
nightdress

¡Qué **camisón** tan largo!
What a long **nightdress**!

campana
bell

Suenan las **campanas**.
The **bells** toll.

---

campanario
bell tower

Las iglesias tienen **campanario**.
Churches have a **bell tower**.

campeón
champion

Este caballo es el **campeón**.
This horse is the **champion**.

canguro
kangaroo

Los **canguros** viven en Australia.
Kangaroos live in Australia.

---

cansado, -a
tired

¡Estoy **cansado**!
I am **tired**!

cantar
to sing

Canta fatal.
He **sings** horribly.

carretera
road

El pueblo está al lado de la **carretera**.
The village is beside the **road**.

---

carroza
carriage

Cenicienta fue al baile
en una **carroza**.
Cinderella went to the ball
in a **carriage**.

carta
letter

Enviamos la **carta**
en un sobre.
We send the **letter**
in an envelope.

cartera
satchel

Guardo los libros
en la **cartera**.
I keep my books
in my **satchel**.

cartero
postman

El **cartero** reparte las
cartas.
The **postman** delivers
the letters.

casa
house

Vivo en una **casa**
acogedora.
I live in a cosy **house**.

cascabel
bell

El gato tiene un **cascabel**.
The cat has a **bell**.

casete
cassette

Tengo que grabar este **casete**.
I have to record this **cassette**.

castaña
chestnut

Me gustan las **castañas** asadas.
I like roasted **chestnuts**.

castillo
castle

La princesa vive en un **castillo**.
The princess lives in a **castle**.

catarro
cold

Tengo un **catarro**
tremendo.
I have a terrible **cold.**

cebolla
onion

Lloro cuando pico **cebollas**.
I cry when I chop **onions**.

---

cebra
zebra

Las **cebras** parecen caballos con pijama.
Zebras look like horses wearing pyjamas.

ceja
eyebrow

El boxeador tiene una **ceja** rota.
The boxer has a cut **eyebrow**.

cepillar
to brush

Bruno **cepilla** el abrigo.
Bruno **brushes** the coat.

cerdo
pig

El **cerdo** está engordando.
The **pig** is getting fat.

cereza
cherry

Las **cerezas** están muy buenas.
Cherries are delicious.

cerrado, -a
closed

El cofre está **cerrado**.
The chest is **closed**.

cerradura
keyhole

No mires por el ojo
de la **cerradura**.
Do not look through
the **keyhole**.

cesta
basket

Colecciono **cestas**.
I collect **baskets**.

chal
shawl

¡Qué **chal** tan bonito
llevas!
What a pretty **shawl**
you wear!

champán
champagne

Brindamos con **champán**.
We toast with **champagne**.

champiñón, seta
mushroom

Recogemos
champiñones.
We pick **mushrooms**.

champú
shampoo

Me lavo la cabeza con
champú.
I wash my hair with
shampoo.

chándal
tracksuit

Me pongo un **chándal**
los domingos.
I wear a **tracksuit** on
Sundays.

chaqué
morning coat

Estás muy elegante
con el **chaqué**.
You are very elegant
in your **morning coat**.

chaqueta
jacket

Llevas una **chaqueta**
estrecha.
You wear a tight **jacket**.

charco
puddle

Me gusta saltar los **charcos**.
I like jumping **puddles**.

charlar
to chat

¡Siempre estáis **charlando**!
You are always **chatting**!

---

cheque
cheque

Mi madre pagó con
un **cheque**.
My mother paid with
a **cheque**.

chicle
bubble gum

Me gustan los **chicles**
de fresa.
I like strawberry **bubble
gum**.

chicharra
cicada

Las **chicharras** cantan
en verano.
Cicadas sing in
summertime.

chichón
bump

Tengo un **chichón**.
I have a **bump**.

---

chillar
to scream

¡No **chilles**!
Do not **scream**!

chimenea
chimney

Sale humo de la
chimenea.
Smoke comes out of the
chimney.

chimpancé
chimpanzee

Este **chimpancé**
es divertido.
This **chimpanzee**
is funny.

---

chino, -a
Chinese

Tengo dos amigos **chinos**.
I have two **Chinese**
friends.

chiste
joke

¡Qué **chiste** tan
divertido!
What a funny **joke**!

chistera
top hat

El elefante salió de la **chistera**.
The elephant came out of the **top hat**.

chocar
to crash

Dos coches han **chocado**.
Two cars have **crashed**.

chocolate
chocolate

¿Me das un trozo de **chocolate**?
May I have a piece of **chocolate**?

chófer
chauffeur

El **chófer** conoce el camino.
The **chauffeur** knows the way.

ciervo
deer

El **ciervo** acaba de nacer.
The **deer** has just been born.

---

cine
cinema

Hoy voy a ir al **cine**.
Today I am going
to the **cinema**.

cintura
waist

Llevo un cinturón
en la **cintura**.
I wear a belt on my **waist**.

circo
circus

acróbata
acrobat

domador
tamer

malabarista
juggler

bailarina
dancer

Nos divertimos en el **circo.**
We have fun in the **circus**.

ciruela
plum

Las **ciruelas** están muy dulces.
Plums are very sweet.

cisne
swan

Hay tres **cisnes** en el estanque.
There are three **swans** in the pond.

---

cocinero, -a
cook

Eres un mal **cocinero**.
You are a bad **cook**.

coche
car

¡Qué **coche** tan pequeño!
What a little **car**!

codo
elbow

Siento dolor en el **codo**.
I feel pain in my **elbow**.

coger
to take

¿Me **coges** en tus brazos?
Will you **take** me in your arms?

cohete
rocket

El **cohete** llegó a la luna.
The **rocket** arrived on the moon.

cojín
cushion

Este es el **cojín** de mi abuela.
This is my grandmother's **cushion**.

colarse
jump the queue

¡No **te cueles**!
Do not **jump the queue**!

---

colegio
school

Este es mi **colegio**.
This is my **school**.

colgar
to hang up

He **colgado** un cuadro.
I have **hung up** a picture.

color
colour

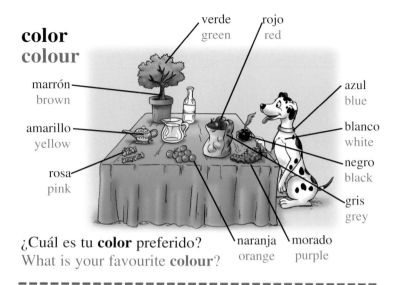

marrón
brown

amarillo
yellow

rosa
pink

verde
green

rojo
red

azul
blue

blanco
white

negro
black

gris
grey

naranja
orange

morado
purple

¿Cuál es tu **color** preferido?
What is your favourite **colour**?

---

collar
necklace

Mi tía tiene un **collar**
de perlas.
My aunt has a pearl
necklace.

comba
rope

¡Vamos a saltar
a la **comba**!
Let's skip with the **rope**!

64

comer
to eat

El cerdito **come**
un montón.
The piglet **eats** a lot.

cometa
kite

Mi **cometa** sube al cielo.
My **kite** goes up
into the sky.

cómodo, -a
comfortable

Estos zapatos
son **cómodos**.
These shoes are
comfortable.

comprar
to buy

¿Me puedes **comprar**
un helado?
Can you **buy** me
an ice cream?

conducir
to drive

Mi tío **conduce** mal.
My uncle **drives** badly.

---

conejo
rabbit

Aquí están los **conejos**.
Here are the **rabbits**.

conocer
to know

¿**Conoces** a mi perrito?
Do you **know** my puppy?

corto, -a
short

El abrigo te está **corto**.
Your coat is **short**.

coser
to sew

La modista **cose**.
The dressmaker **sews**.

cosquillas
tickling

Las **cosquillas** me hacen
reír.
Tickling makes me laugh.

cremallera
zip

¿Me cierras
la **cremallera**?
Can you close my **zip**?

cromo
sticker

¿Cuántos **cromos** tienes?
How many **stickers** have you got?

cuadro
painting

Hay muchos **cuadros** en los museos.
There are many **paintings** in the museums.

cuento
tale

Por favor, ¿me cuentas un **cuento**?
Please, would you tell me a **tale**?

dado, -s
die, dice

Nos divertimos jugando
a los **dados**.
We have fun playing **dice**.

dálmata
Dalmatian dog

Mi primo tiene un
My cousin has a
Dalmatian dog.

69

danzar
to dance

Me encanta **danzar**.
I like **dancing**.

daño (hacer)
hurt

¡Ay, ay! ¡Me **hace daño**!
Ouch! It **hurts** me!

dar
to give

¿Me **das** un bombón?
Would you **give** me a chocolate?

dardo
dart

Papá juega a los **dardos**.
Daddy plays **darts**.

dátil
date

El **dátil** es el fruto
de la palmera.
Date is the fruit of the
palm tree.

debajo
under

Hay un ratón **debajo**
de la mesa.
There is a mouse under
the table.

decena
ten

Las naranjas se venden
por **decenas**.
Oranges are sold in tens.

decir
to tell

Dime tu nombre.
Tell me your name.

dedal
thimble

Siempre coso con **dedal**.
I always sew with
a **thimble**.

dedo
finger

Mi mano tiene cinco **dedos**.
My hand has five **fingers**.

defender
to defend

El perro **defiende** a las ovejas.
The dog **defends** the sheep.

dejar
to lend

Te **dejo** mi muñeca.
I **lend** you my doll.

delantal
apron

Úrsula lleva **delantal**.
Ursula wears an **apron**.

delante
in front of

El perro está **delante**
del árbol.
The dog is **in front of**
the tree.

delfín
dolphin

Los **delfines** son muy
inteligentes.
Dolphins are very clever.

delgado, -a
slim

Estás muy **delgado**.
You are very **slim**.

dentista
dentist

Voy al **dentista** una vez
al año.
I go to the **dentist** once
a year.

deporte
sport

Practicar **deportes** es sano.
Practising **sports** is healthy.

descansar
to rest

Descansamos en vacaciones.
We **rest** when we are on holiday.

descarrilar
to be derailed

El tren ha **descarrilado**.
The train **has been derailed**.

descolgar
to take down

Estoy **descolgando** este cuadro.
I am **taking down** this painting.

descorchar
to uncork

Descorchó la botella.
He **uncorked** the bottle.

75

desordenado, -a
untidy

¡Qué cuarto tan
desordenado!
What an **untidy** room!

despacio
slowly

La tortuga anda **despacio**.
The tortoise walks **slowly**.

despedir
to say goodbye

Fuimos a **despedirle**.
We went to **say goodbye**
to him.

despensa
pantry

La **despensa** está llena
de jamones.
The **pantry** is full
of hams.

despertador
alarm clock

Mi **despertador** suena
a las ocho.
My **alarm clock** rings
at eight o'clock.

despertar
to wake up

Los domingos me
despierto más tarde.
On Sundays I **wake up**
later.

despistado
absent-minded

¡Es un **despistado**!
He is **absent-minded**!

destrozar
to break to pieces

Has **destrozado** el jarrón.
You have **broken** the vase
to **pieces**.

detective
detective

Un amigo mío es **detective**.
A friend of mine is a
detective.

detergente
detergent

Echo **detergente**
en la lavadora.
I put **detergent** into
the washing machine.

detrás
behind

El gato está **detrás**
del ratón.
The cat is **behind**
the mouse.

día
day

El **día**
tiene veinticuatro horas.
The **day** has twenty
four hours.

diadema
diadem

Tu **diadema** es preciosa.
Your **diadem** is very
pretty.

diamante
diamond

Esta es una sortija
de **diamantes**.
This is a **diamond** ring.

dibujar
to draw

Me gusta **dibujar**.
I like **drawing**.

diccionario
dictionary

Busco palabras en el **diccionario**.
I look words up in the **dictionary**.

diente, -s
tooth, teeth

Tengo muy pocos **dientes**.
I have very few **teeth**.

dieta
diet

Mi tía hace **dieta**.
My aunt is on a **diet**.

dinero
money

Tiene un montón de **dinero**.
He has a lot of **money**.

dinosaurio
dinosaur

No tengo miedo
de los **dinosaurios**.
I am not afraid
of **dinosaurs**.

disco
record

Me regalaron un **disco**.
I was given a **record**.

---

disfraz
fancy dress

mago
magician

indio
Indian

pirata
pirate

hada
fairy

Superman
Superman

Arlequín
Harlequin

fantasma
ghost

Colombina
Colombina

cocinero
cook

mosquetero
musketeer

payaso
clown

¿Qué **disfraz** prefieres?
Which **fancy dress** do you prefer?

distraer
to distract

Una mosca lo ha **distraído**.
The fly has **distracted** him.

doble
two times

Cuatro es el **doble** de dos.
Four is **two times** two.

docena
dozen

Compré una **docena** de huevos.
I bought a **dozen** eggs.

dolor
ache

Tengo **dolor** de muelas.
I have a tooth**ache**.

domador
tamer

Soy **domador** de leones.
I am a lion **tamer**.

---

dominó
domino

Jugamos al **dominó**.
We play **dominoes**.

dorado, -a
gold, golden

Tengo un pez **dorado**.
I have a **goldfish**.

dormilón, -a
sleepy-headed

Eres muy **dormilón**.
You are very **sleepy-headed**.

dragón
dragon

No me asustan
los **dragones**.
I am not afraid of **dragons**.

duende
elf

¿Has visto algún
duende?
Have you ever seen
an **elf**?

dulce
sweet

La miel es **dulce**.
Honey is **sweet**.

echar
to throw

¿Quién está **echando** agua?
Who is **throwing** water?

edificio
building

Este **edificio** es muy alto.
This **building** is very high.

edredón
quilt

¡Qué **edredón** tan bonito!
What a nice **quilt**!

egoísta
selfish

Eres un **egoísta**.
You are **selfish**.

---

elefante
elephant

Este **elefante** es bailarín.
This **elephant** is a dancer.

elegante
elegant

¡Es un hombre muy
elegante!
He is a very **elegant** man!

elegir
to choose

Elige un juguete.
Choose a toy.

embudo
funnel

Tengo dos **embudos**.
I have two **funnels**.

---

empachado (estar)
to have indigestion

¡Estoy **empachado**!
I have **indigestion**!

empañado
steamed up

Las ventanas están
empañadas.
The windows are
steamed up.

87

enfadado
angry

Benito está **enfadado**.
Benito is **angry**.

enfermo, -a
ill

Mi muñeca está **enferma**.
My doll is **ill**.

enhebrar
to thread

¿Puedes **enhebrar** esta aguja?
Can you **thread** this needle?

enjambre
swarm

Muchas abejas forman
un **enjambre**.
Many bees make a
swarm.

enorme
huge

Tu oreja es **enorme**.
Your ear is **huge**.

enredo
mess

¡Vaya **enredo**!
What a **mess**!

ensalada
salad

Me gusta la **ensalada**.
I like eating **salad**.

89

ensartar
to string

Estamos **ensartando** bolas.
We are **stringing** beads.

ensuciar
to dirty

Nos hemos **ensuciado**.
We are **dirty**.

---

equilibrista
equilibrist

Soy un **equilibrista**.
I am an **equilibrist**.

equipaje
luggage

Este es mi **equipaje**.
This is my **luggage**.

erizo
hedgehog

Los **erizos** tienen púas.
Hedgehogs have quills.

escalera
staircase

Esta **escalera**
tiene seis peldaños.
This **staircase**
has six steps.

escalofríos (tener)
to shiver

Tengo **escalofríos**.
I am **shivering**.

escama
scale

Los peces tienen **escamas**.
Fish have **scales**.

escaparate
shop window

Este **escaparate** es interesante.
This **shop window** is interesting.

escayola
plaster

La ardilla tiene una **escayola** en el brazo.
The squirrel has his arm in **plaster**.

escoba
broom

Las brujas viajan en **escoba**.
Witches ride on a **broom**.

92

esconder
to hide

¿Quién **escondió** mi zapatilla?
Who **hid** my slipper?

---

escribir
to write

Hipo está **escribiendo** una carta.
Hippo is **writing** a letter.

escuela
school

Voy a la **escuela** para aprender.
I go to **school** to learn.

espaguetis
spaghetti

Ayer comí **espaguetis**.
Yesterday I ate **spaghetti**.

espárrago
asparagus

Me gustan los **espárragos**
con mayonesa.
I like **asparagus** with
mayonnaise.

espejo
mirror

Pregunto al **espejo** quién
es la más bella.
I ask the **mirror** who
is the prettiest.

espinilla
spot

Tienes una **espinilla**
en la nariz.
You have a **spot**
on your nose.

esponja
sponge

Me froto con la **esponja**.
I rub myself with the
sponge.

esquiar
to ski

Esquío en la nieve.
I **ski** on the snow.

esquimal
Eskimo

Los **esquimales** viven
en el Polo Norte.
Eskimos live in the North
Pole.

establo
stall

Los caballos están
en el **establo**.
The horses are in the **stall**.

estatua
statue

Me gusta esta **estatua**.
I like this **statue**.

estornudar
to sneeze

¡Aaaachííísss! **Estornudé**.
Atchoooo! I **sneezed**.

estrecho, -a
tight

Tu vestido es **estrecho**.
Your dress is **tight**.

estrella
star

Las **estrellas** brillan
en el cielo.
Stars shine in the sky.

estrenar
to use for the first time

Estreno este sombrero.
I **use** this hat **for the first time**.

estudiar
to study

Mi primo **estudia** mucho.
My cousin **studies** a lot.

estufa
stove

La **estufa** calienta
la habitación.
The **stove** heats up
the room.

excursión
trip

Vamos de **excursión**.
We go on a **trip**.

familia
family

- tío — uncle
- tía — aunt
- hermano — brother
- abuela — grandmother
- abuelo — grandfather
- padre — father
- madre — mother
- yo — me
- hermana — sister
- primo — cousin

Esta es mi **familia**. This is my **family**.

fantasma
ghost

No me asustan
los **fantasmas**.
I am not afraid of **ghosts**.

farmacia
chemist's

Compro medicinas
en la **farmacia**.
I buy medicines at
the **chemist's**.

---

faro
lighthouse

El **faro** siempre da luz.
The **lighthouse** always
gives light.

farola
street-lamp

Las **farolas** alumbran
las calles.
Street-lamps illuminate
the streets.

felpudo
doormat

Me limpio los pies
en el **felpudo**.
I wipe my feet on
the **doormat**.

feo, -a
ugly

Este mono no es tan **feo**.
This monkey is not so **ugly**.

feria
fair

Voy a la **feria**.
I go to the **fair**.

fideo
noodle

fiebre
fever

Tomo sopa de **fideos**.
I eat noodle **soup**.

Tengo **fiebre**.
I have **fever**.

---

fiesta
party

Hoy celebramos una **fiesta**.
Today we have a **party**.

filete
steak

Este **filete** está tierno.
This **steak** is tender.

firma
signature

No entiendo tu **firma**.
I cannot understand your **signature**.

flaco, -a
thin

Este perro está muy **flaco**.
This dog is very **thin**.

flan
crème caramel

Mi abuelo toma **flan**.
My grandfather eats **crème caramel**.

flauta
flute

Me regalaron una **flauta**.
I was given a **flute**.

flemón
gumboil

Tienes un **flemón**.
You have a **gumboil**.

---

flequillo
fringe

Daniel tiene el **flequillo** largo.
Daniel has a long **fringe**.

flexo
table lamp

En mi cuarto tengo un **flexo**.
I have a **table lamp** in my room.

flor
flower

clavel
carnation

amapola
poppy

girasol
sunflower

cala
arum

nardo
nard

tulipán
tulip

margarita
daisy

dalia
dahlia

Esta **flor** huele muy bien.
This **flower** smells very nice.

foca
seal

Las **focas** comen peces.
Seals eat fish.

fondo
bottom

Hay un tesoro en el **fondo**
del mar.
There is a treasure
at the **bottom** of the sea.

fontanero
plumber

El **fontanero** arregló
el grifo.
The **plumber** repaired
the tap.

fotografía
photograph

Esta es una **fotografía**
de mi familia.
This is a **photograph**
of my family.

frambuesa
raspberry

La tarta de **frambuesa**
está deliciosa.
The **raspberry** cake
is delicious.

frasco
bottle

Colecciono **frascos**
de colores.
I collect coloured **bottles**.

frente
forehead

Tengo una herida
en la **frente**.
I have a wound
on my **forehead**.

frío
cold

En invierno hace **frío**.
In winter it is **cold**.

fruta
fruit

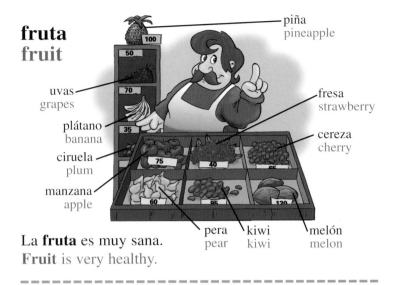

- piña — pineapple
- uvas — grapes
- plátano — banana
- ciruela — plum
- manzana — apple
- fresa — strawberry
- cereza — cherry
- pera — pear
- kiwi — kiwi
- melón — melon

La **fruta** es muy sana.
Fruit is very healthy.

---

fuego
fire

El **fuego** está quemando
el bosque.
The **fire** is burning
the wood.

fuente
fountain

Bebo agua de la **fuente**.
I drink water from
the **fountain**.

fuera
out

La pelota ha salido **fuera**.
The ball has gone **out**.

fuerte
strong

El levantador de pesas
está **fuerte**.
The weight lifter is **strong**.

furgoneta
van

El lechero tiene una
furgoneta.
The milkman has a **van**.

fútbol
football

Me encanta el **fútbol**.
I love **football**.

G

---

gafas
glasses

Mi padre usa **gafas**.
My father wears **glasses**.

gajo
segment

¿Quieres un **gajo**
de naranja?
Do you want an orange
segment?

galleta
biscuit

Me gustan las **galletas**.
I like **biscuits**.

gallinero
henhouse

Las gallinas duermen
en el **gallinero**.
Hens sleep in the **henhouse**.

ganar
to win

Mi equipo **ganó**
el campeonato.
My team **won**
the championship.

ganchillo (hacer)
to crochet

Mi abuela **hace ganchillo**.
My grandmother **crochets**.

garabatos (hacer)
to scribble

El niño **hace garabatos**.
The child **scribbles**.

garbanzo
chickpea

Estos **garbanzos** están duros.
These **chickpeas** are tough.

garganta
throat

Tengo dolor de **garganta**.
I have a sore **throat**.

garra
claw

El león tiene **garras**.
The lion has **claws**.

gasolinera
petrol station

En la **gasolinera** compramos gasolina.
At the **petrol station** we buy petrol.

gato, -a
cat

Mi tía tiene un **gato**.
My aunt has a **cat**.

gaviota
seagull

Las **gaviotas** viven en la costa.
Seagulls live at the seaside.

gel
bath foam

Me ducho con **gel**.
I take a shower with **bath foam**.

gemelo, -a
twin

Somos **gemelos**.
We are **twins**.

giba
hump

El dromedario tiene
una **giba**.
The dromedary has
one **hump**.

gigante
giant

Este **gigante** es mi amigo.
This **giant** is my friend.

gimnasia
gymnastics

Me gusta hacer **gimnasia**.
I like practising
gymnastics.

girar
to spin

La peonza **gira**.
The top **spins**.

girasol
sunflower

Los **girasoles** son grandes y amarillos.
Sunflowers are big and yellow.

globo
balloon

¿Cuántos **globos** tienes?
How many **balloons** have you got?

glotón, -a
greedy

¡Eres muy **glotón**!
You are very **greedy**!

gol
goal

He marcado un **gol**.
I have scored a **goal**.

---

golondrina
swallow

Las **golondrinas** emigran en otoño.
Swallows migrate in autumn.

golosina
sweet

Las **golosinas** estropean los dientes.
Sweets spoil teeth.

grifo
tap

¡Cierra el **grifo**!
Close the **tap**!

grillo
cricket

Los **grillos** cantan
por la noche.
Crickets sing at night.

gritar
to shout

¡No **grites**!
Do not **shout**!

grúa
tow truck

La **grúa** se lleva un coche.
The **tow truck** takes a car
away.

guante
glove

Llevo **guantes**
en invierno.
I wear **gloves** in winter.

guapo
handsome

Eres un niño muy **guapo**.
You are a **handsome** boy.

guindilla
hot pepper

La **guindilla** pica.
Hot pepper burns.

guiñar
to wink

¿Sabes **guiñar** los ojos?
Can you **wink** your
eyes?

guisante
pea

Me gustan los **guisantes**.
I like **peas**.

guisar
to cook

Me gustan los **guisantes**.

La cocinera **guisa** bien.
The cook **cooks** well.

guitarra
guitar

Tocas la **guitarra** muy bien.
You play the **guitar** quite well.

gusano
worm

Daniel tiene unos **gusanos**.
Daniel has some **worms**.

habitación
room

Esta es mi **habitación**.
This is my **room**.

hablar
to speak

Mi tía **habla** mucho.
My aunt **speaks** a lot.

119

hacha
axe

El leñador tiene un **hacha**.
The woodcutter has an **axe**.

hebilla
buckle

Mis zapatos tienen **hebillas**.
My shoes have **buckles**.

---

hada
fairy

Os presento a mi **hada** madrina.
I introduce you to my **fairy** godmother.

hamaca
hammock

Esta **hamaca** es muy cómoda.
This **hammock** is very comfortable.

hámster
hamster

El **hámster** es un animal pequeño.
A **hamster** is a small animal.

helado
ice cream

¿Quieres un **helado** de limón?
Do you want a lemon **ice cream**?

---

helicóptero
helicopter

¡Mira! ¡Es un **helicóptero**!
Look! It is a **helicopter**!

herida
wound

Tengo una **herida**.
I have a **wound**.

hermano
brother

Estos son mis **hermanos**.
These are my **brothers**.

herradura
horseshoe

He encontrado una
herradura. ¡Buena suerte!
I found a **horseshoe**.
Good luck!

---

herramienta
tool

hacha — axe
serrucho — saw
alicates — pliers
martillo — hammer
destornillad — screwdrive
paleta — trowel
espátula — spatula
azada — hoe
lima — file
pala — spade
rastrillo — rake
pico — pick

Trabajamos con **herramientas**.
We work with **tools**.

hervir
to boil

El agua está **hirviendo**.
The water is **boiling**.

hielo
ice

Echo **hielo** en mi refresco.
I put **ice** in my cold drink.

hierba
grass

Las vacas comen **hierba**.
Cows eat **grass**.

higo
fig

Estos **higos** están maduros.
These **figs** are ripe.

hipo
hiccup

Tienes **hipo**.
You have **hiccups**.

hipopótamo
hippopotamus

Este **hipopótamo** está
en el río.
This **hippopotamus** is
in the river.

hocico
snout

Los osos tienen el **hocico**
puntiagudo.
Bears have a sharp **snout**.

hoguera
bonfire

Los pastores se calientan
junto a la **hoguera**.
The shepherds get warm
near the **bonfire**.

hoja, -s
leaf, leaves

En otoño caen las **hojas**
de los árboles.
In autumn **leaves** fall off
the trees.

holgazán, -a
idle

Eres un **holgazán**.
You are an **idle** man.

---

hombre, -s
man, men

Hay tres **hombres**
en la parada.
There are three **men**
at the bus stop.

hora
hour

Una **hora** tiene sesenta
minutos.
One **hour** has sixty
minutes.

hormiga
ant

Las **hormigas** caminan en fila.
The **ants** walk in a line.

---

horno
oven

El pavo está en el **horno**.
The turkey is in the **oven**.

hortaliza
vegetable

El verdulero vende
hortalizas.
The greengrocer sells
vegetables.

hospital
hospital

Mi vecino trabaja
en un **hospital**.
My neighbour works
at a **hospital**.

hucha
piggy bank

Tengo dinero
en mi **hucha**.
I keep money
in my **piggy bank**.

huella
footprint

Estas son tus **huellas**.
These are your **footprints**.

huevo
egg

La gallina puso cinco
huevos.
The hen laid five **eggs**.

huir
to run away

¡No **huyas**!
Do not **run away**!

humo
smoke

Sale **humo** por la chimenea.
Smoke comes out of the chimney.

hundir
to sink

El barco se **hundió**.
The ship **sank**.

huracán
hurricane

El **huracán** arrancó los árboles.
The **hurricane** pulled up the trees.

iceberg
iceberg

El **iceberg** es
impresionante.
The **iceberg** is
astonishing.

idea
idea

Has tenido una buena
idea.
You have had a good
idea.

iglesia
church

Esta **iglesia** es muy antigua.
This **church** is very old.

---

igual
same

Tu cartera y la mía
son **iguales**.
Your bag and my bag
are the **same**.

iguana
iguana

Me asustan las **iguanas**.
I am afraid of **iguanas**.

iluminado, -a
lit up

La casa está **iluminada**.
The house is **lit up**.

ilustrador, -a
illustrator

Mi amiga es **ilustradora** de libros.
My friend is a book **illustrator**.

imán
magnet

El **imán** atrae las cosas de hierro.
The **magnet** attracts iron things.

imitar
to imitate

¡No me **imites**!
Do not **imitate** me!

impar
odd

El 1 y el 3 son números **impares**.
1 and 3 are **odd** numbers.

imprenta
printing house

Él trabaja en una **imprenta**.
He works in a **printing house**.

incendio
fire

Los bomberos apagan **incendios**.
Firemen put out **fires**.

incoloro, -a
colourless

El agua es **incolora**, no tiene color.
Water is **colourless**, it has no colour.

incubadora
incubator

El bebé está
en la **incubadora**.
The baby is
in the **incubator**.

inflar
to blow up

¿Me **inflas** el globo?
Can you **blow up**
the balloon?

inglés
Englishman

Es un perfecto **inglés**.
He is a perfect
Englishman.

insecto
insect

Tengo una colección
de **insectos**.
I have an **insect**
collection.

instrumento
instrument

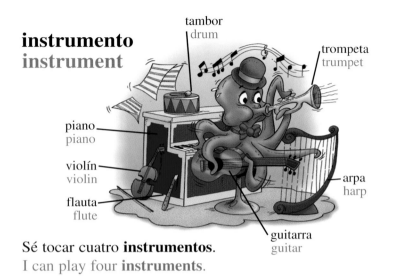

tambor
drum

trompeta
trumpet

piano
piano

violín
violin

flauta
flute

arpa
harp

guitarra
guitar

Sé tocar cuatro **instrumentos**.
I can play four **instruments**.

---

interruptor
switch

El **interruptor** enciende la luz.
The **switch** puts the light on.

inundación
flood

¡Esto parece una **inundación**!
This looks like a **flood**!

invernadero
greenhouse

Boris tiene
un **invernadero**.
Boris has a **greenhouse**.

invierno
winter

A veces nieva
en **invierno**.
Sometimes it snows
in **winter**.

---

inyección
injection

Tengo que ponerte
una **inyección**.
I have to give you
an **injection**.

isla
island

¡Nos acercamos a la **isla**!
We approach the **island**!

J

jabalí
wild boar

Tienen miedo del **jabalí**.
They are afraid of the
wild boar!

jabón
soap

Lávate las manos con **jabón**.
Wash your hands with **soap**.

jamón
ham

Hemos comprado
un **jamón**.
We have bought a **ham**.

jaqueca
headache

Mi madre tiene **jaqueca**.
My mother has
a **headache**.

jarabe
syrup

No me gusta el **jarabe**.
I do not like **syrup**.

jardín
garden

¡Qué **jardín** tan bonito!
What a pretty **garden**!

jarrón
vase

¡Rompiste el **jarrón**!
You broke the **vase**!

jaula
cage

El periquito vive en la **jaula**.
The parakeet lives in the
cage.

jazmín
jasmine

¡Que bien huele
el **jazmín**!
The **jasmine** has a nice
smell.

jersey
jumper

Me gusta este **jersey**.
I like this **jumper**.

jinete
rider

Eres un buen **jinete**.
You are a good **rider**.

jirafa
giraffe

La **jirafa** tiene
un cuello largo.
The **giraffe** has
a long neck.

joyero
jewel box

Me regalaron un **joyero**.
They gave me a **jewel box**.

judía
bean

No me gustan las **judías**.
I do not like **beans**.

juguete
toy

tambor
drum

casa de muñecas
doll house

oso
bear

cubo
bucket

patines
skates

teléfono
telephone

aro
hoop

pelota
ball

yoyó
yo-yo

coche de muñecas
doll's pram

muñeca
doll

camión
lorry

tren
train

peonza
(spinning) to

Me gustan todos mis **juguetes**.
I like all my **toys**.

K

kárate
karate

Me gusta el **kárate**.
I like **karate**.

kilo
kilo

Compro un **kilo**
de tomates.
I buy a **kilo** of tomatoes.

141

kilómetro
kilometre

Faltan cinco **kilómetros**
para llegar.
Still five **kilometres** left.

koala
koala

Los **koalas** viven
en Australia.
Koalas live in Australia.

kiosco
newsstand

Los periódicos se venden
en el **kiosco**.
Newspapers are sold
at the **newsstand**.

kiwi
kiwi

Los **kiwis** tienen un pico
largo.
Kiwis have a long beak.

142

L

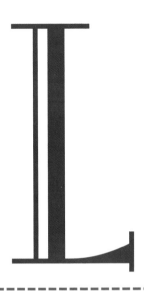

laberinto
labyrinth

¿Cómo salgo
del **laberinto**?
How can I get out of the
labyrinth?

labio
lip

¿Te pintas los **labios**?
Do you put lipstick on
your **lips**?

laboratorio
laboratory

Mi padre trabaja
en su **laboratorio**.
My father works
in his **laboratory**.

labrador, -a
farmer

David es **labrador**.
David is a **farmer**.

lado
side

Los triángulos tienen tres
lados.
Triangles have three **sides**.

ladrar
to bark

El perro **ladra**.
The dog **barks**.

ladrillo
brick

Hacemos las casas
con **ladrillos**.
We make houses
with **bricks**.

lago
lake

El barco cruzó el **lago**.
The boat crossed the **lake**.

lágrima
tear

¡Límpiate las **lágrimas**!
Wipe your **tears**!

lámpara
lamp

La **lámpara** está
encendida.
The **lamp** is on.

lana
wool

Este jersey es de **lana**.
This jumper is made
of **wool**.

lapicero
pencil

¿Me prestas un **lapicero**?
Can I borrow your **pencil**?

lavar
to wash

Me **lavo** la cara.
I **wash** my face.

lazo
bow

¡Qué **lazo** tan bonito!
What a pretty **bow**!

leche
milk

La **leche** tiene mucho calcio.
Milk has a lot of calcium.

---

lechuza
owl

Las **lechuzas** viven
en el bosque.
Owls live in the forest.

leer
to read

Leer es muy divertido.
Reading is very
amusing.

lejos
far

El barco está **lejos**.
The ship is **far** away.

lengua
tongue

¡No saques la **lengua**!
Do not stick your **tongue** out!

lenteja
lentil

Las **lentejas** tienen mucho hierro.
Lentils have a lot of iron.

león
lion

El **león** tiene una enorme melena.
The **lion** has a huge mane.

loro
parrot

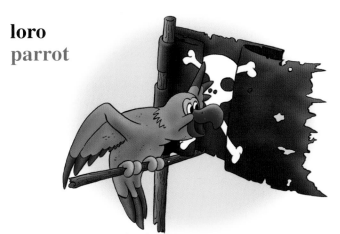

Tengo un loro muy charlatán.
I have a chattering parrot.

---

llama
llama

En Perú hay muchas **llamas**.
There are many **llamas** in Peru.

llamar
to call

¿Me has **llamado**?
Have you **called** me?

llanto
crying

No podemos parar
su **llanto**.
We cannot stop
his **crying**.

llanura
plain

Mi casa está
en la **llanura**.
My house is on the **plain**.

llave
key

Cierro la puerta
con la **llave**.
I lock the door
with the **key**.

llavero
key ring

Las llaves
están en el **llavero**.
The keys are
in the **key ring**.

llegar
to arrive

El tren ha **llegado**.
The train has **arrived**.

----

lleno
full

Tu vaso está **lleno**.
Your glass is **full**.

llevarse
to take away

Llévate tus zapatos.
Take your shoes **away**.

llorar
to weep, to cry

La cebolla me hace **llorar**.
Onions make me **cry**.

llorón
crybaby

Es un **llorón**.
He is a **crybaby**.

llover
to rain

¡No para de **llover**!
It does not stop **raining**!

lluvia
rain

La **lluvia** riega
los campos.
Rain waters the fields.

luciérnaga
glow-worm

Las **luciérnagas** alumbran
el campo.
Glow-worms light up the field.

---

luna
moon

Le gusta hablar
con la **luna**.
He likes talking
to the **moon**.

lunar
mole

Tengo un **lunar**
en la cara.
I have a **mole**
on my face.

M

maceta
flowerpot

Tengo muchas **macetas**.
I have a lot of **flowerpots**.

madera
wood

Es una silla de **madera**.
This chair is made of **wood**.

154

madre
mother

Tu **madre** es muy guapa.
Your **mother** is very pretty.

maestro, -a
teacher

Mi **maestra** explica con claridad.
My **teacher** explains clearly.

---

mago, -a
magician

¡Qué **mago** tan divertido!
What a funny **magician**!

maíz
corn

El **maíz** es un importante cereal.
Corn is an important cereal.

maleta
suitcase

Las **maletas** están preparadas.
The **suitcases** are ready.

mancha
stain

¡Qué **mancha** tan grande!
What a big **stain**!

mano
hand

Tenemos dos **manos**.
We have two **hands**.

manopla
mitten

Tus **manoplas** son rojas.
Your **mittens** are red.

mantel
tablecloth

Pongo el **mantel**.
I lay the **tablecloth**.

mantequilla
butter

Tomo pan con **mantequilla**
para desayunar.
I have bread and **butter**
for breakfast.

manzana
apple

Me gustan las **manzanas**
dulces.
I like sweet **apples**.

marioneta
puppet

Tengo una **marioneta**.
I have a **puppet**.

mariposa
butterfly

¡No caces **mariposas**!
Do not catch **butterflies**!

mariquita
ladybird

Las **mariquitas** viven
entre las flores.
Ladybirds live among
the flowers.

martillo
hammer

Con el **martillo** clavamos
clavos.
With the **hammer** we knock
in nails.

masticar
to chew

Mastica con la boca cerrada.
Chew with your mouth closed.

mayor
oldest

Soy el **mayor**.
I am the **oldest**.

mayúscula
capital letter

Sé escribir letras **mayúsculas**.
I can write **capital letters**.

mecedora
rocking chair

Mi abuela tiene una **mecedora**.
Grandmother has a **rocking chair**.

medalla
medal

He ganado esta **medalla**.
I have won this **medal**.

médico, -a
doctor

Mi tío es **médico**.
My uncle is a **doctor**.

mejillón
mussel

¡Cuántos **mejillones**!
What a lot of **mussels**!

mendigo, -a
beggar

El **mendigo**
duerme en un banco.
The **beggar** sleeps
on a bench.

mercado
market

Voy con mamá al **mercado**.
I go to the **market** with mum.

manzanas
apples

plátanos
bananas

uvas
grapes

pescado
fish

salchichas
sausages

fresas
strawberries

cerezas
cherries

naranjas
oranges

carro de la
compra
shopping bag

coliflor
cauliflower

lechuga
lettuce

saco
sack

descargador
unloader

zanahorias
carrots

cebollas
onions

patatas
potatoes

carretilla
wheelbarrow

limones
lemons

calabaza
pumpkin

piña
pineapple

tomates
tomatoes

judías verdes
green beans

peras
pears

merengue
meringue

Ayúdame a hacer **merengue**.
Help me to make **meringue**.

mes
month

Un año tiene doce **meses**.
A year has twelve **months**.

meta
finishing line

La tortuga llegó primera a la **meta**.
The tortoise arrived first at the **finishing line**.

miel
honey

A los osos les gusta la **miel**.
Bears like **honey**.

minuto
minute

Un **minuto** tiene sesenta segundos.
A **minute** has sixty seconds.

mitad
half

¡Se ha comido la **mitad** de la tarta!
He has eaten **half** the cake!

moflete
cheek

Cuando río los **mofletes** se me mueven.
When I laugh my **cheeks** move.

mono, -a
monkey

Los **monos** son graciosos.
Monkeys are funny.

163

muebles
furniture

sillón
armchair

silla
chair

reloj
clock

lámpara
table lamp

cama
bed

banqueta
stool

armario
wardrobe

sofá
sofa

mesa
table

espejo
mirror

estantería
shelf

Los **muebles** decoran las casas.
Furniture decorates houses.

N

nabo
turnip

¿Cuántos **nabos** quiere?
How many **turnips**
do you want?

nada
nothing

No hay **nada** en la cesta.
There is **nothing** in the
basket.

nadie
nobody

Nadie come peras.
Nobody eats pears.

nana
lullaby

La niñera canta una **nana**.
The nurse sings a **lullaby**.

naranja
orange

Me gusta el zumo
de **naranja**.
I like **orange** juice.

nariz
nose

Su **nariz** es larga.
His **nose** is long.

nata
cream

Estoy batiendo **nata**.
I am whipping **cream**.

natillas
custard

Cocinas muy bien
las **natillas**.
You cook **custard** very
well.

náufrago
castaway

Hay un **náufrago** en esa isla.
There is a **castaway** on that island.

nenúfar
water lily

En el estanque flotan
los **nenúfares**.
Water lilies float
on the pond.

nevar
to snow

En invierno **nieva** mucho.
In winter it **snows** heavily.

nevera
fridge

La **nevera** está abierta.
The **fridge** is open.

nido
nest

Hay dos pájaros en el **nido**.
There are two birds
in the **nest**.

niebla
fog

Casi nos chocamos
por culpa de la **niebla**.
We nearly bumped into
each other because of
the **fog**.

niños, -as
children

Los **niños** están saltando.
The **children** are jumping.

noche
night

La **noche** está estrellada.
It's a starry **night**.

noria
big wheel

Me divierto
montando en la **noria**.
I enjoy riding
on the **big wheel**.

nube
cloud

Hay **nubes** en el cielo.
Clouds float in the sky.

---

nudo
knot

Sé hacer **nudos.**
I can make **knots**.

nuez
nut

Las ardillas comen **nueces**.
Squirrels eat **nuts**.

Ñ

ñandú
rhea

El **ñandú** corre deprisa.
The **rhea** runs quickly.

ñoño, -a
fussy

Este niño es muy **ñoño**.
This boy is very **fussy**.

ñora
hotpepper

La ñora es **picante**.
The hotpepper is **spicy**.

ñu
gnu

Los **ñus** viven en África.
Gnus live in Africa.

oboe
oboe

Mi hermana
toca el **oboe**.
My sister plays
the **oboe**.

173

oficio
job

cantante
singer

cocinero
cook

camarero
waiter

carpintero
carpenter

bailarina
dancer

guardia
traffic policeman

enfermera
nurse

granjero
farmer

albañil
bricklayer

médico
doctor

músico
musician

bombero
fireman

¿Cuál es tu **oficio** preferido?
What is your favourite **job**?

174

oftalmólogo
ophthalmologist

Ayer fui al **oftalmólogo**.
Yesterday I went
to the **ophthalmologist**.

ojo
eye

Tus **ojos** son verdes.
Your **eyes** are green.

ola
wave

¡Qué **ola** tan grande!
What a big **wave**!

oler
to smell

Esta flor **huele** muy bien.
This flower **smells** very
nice.

175

ópera
opera

Soy cantante de **ópera**.
I am an **opera** singer.

orca
killer whale

Las **orcas** son animales marinos.
Killer whales are sea animals.

ordenado, -a
tidy

Mi cuarto está **ordenado**.
My room is **tidy**.

ordenador
computer

Me han regalado un **ordenador**.
I have been given a **computer**.

ordeñar
to milk

El granjero **ordeña**
la vaca.
The farmer **milks** the cow.

oreja
ear

¡Nuestras **orejas** son
enormes!
Our **ears** are huge!

ornitorrinco
platypus

Los **ornitorrincos** viven
en Australia.
Platypuses live
in Australia.

orquesta
orchestra

La **orquesta** interpreta
a Mozart.
The **orchestra** plays
Mozart.

oscuro, -a
dark

Este cuarto está **oscuro**.
This room is **dark**.

oso
bear

Los **osos** salieron a pasear.
The **bears** went out
for a walk.

otoño
autumn

En **otoño** caen las hojas.
Leaves fall in **autumn**.

oveja
sheep

Cuento **ovejas**
para
dormirme.
I count **sheep**
to fall asleep.

padre
father

Este es mi **padre**.
This is my **father**.

pagar
to pay

Mi madre **pagó**
al fontanero.
My mother **paid**
the plumber.

179

página
page

Este libro tiene 938 **páginas**.
This book has 938 **pages**.

país
country

Adoro cada rincón de mi **país**.
I love every place in my **country**.

---

pajarita
bow tie

Me gusta llevar **pajarita**.
I like wearing a **bow tie**.

pájaro
bird

¡Cuántos **pájaros**!
What a lot of **birds**!

palabra
word

Esta frase tiene cinco **palabras**.
This sentence has five **words**.

palacio
palace

Los reyes viven en **palacios**.
Kings live in **palaces**.

pálido, -a
pale

Estás muy **pálido**.
You look very **pale**.

palmera
palm tree

Es una **palmera** muy alta.
It is a very high **palm tree**.

paloma
pigeon

Hay **palomas**
en el parque.
There are **pigeons**
in the park.

palomitas
popcorn

Me gustan las **palomitas**.
I like **popcorn**.

---

pan
bread

Este **pan** está hecho
de trigo.
This **bread** is made
of wheat.

panadero
baker

El **panadero** hace pan.
The **baker** makes bread.

pandereta
tambourine

Yo sé tocar la **pandereta**.
I can play the
tambourine.

pantalón
trousers

Mi **pantalón** está roto.
My **trousers** are torn.

pañal
nappy

El bebé usa **pañales**.
The baby wears **nappies**.

pañuelo
handkerchief

Me limpio la nariz
con un **pañuelo**.
I wipe my nose with
a **handkerchief**.

papelera
wastebasket

Tiro los papeles
a la **papelera**.
I throw the papers into
the **wastebasket**.

paquete
parcel

Hay dos **paquetes**
en el suelo.
There are two **parcels**
on the floor.

paracaidista
parachutist

Soy **paracaidista**.
I am a **parachutist**.

parada
bus stop

Esperamos en la **parada**
del autobús.
We wait at the **bus stop**.

paraguas
umbrella

Cuando llueve abro
el **paraguas**.
When it rains I open
my **umbrella**.

parar
to stop

La moto se ha **parado**.
The motorbike has
stopped.

parche
patch

Ruth lleva un **parche**
en el ojo.
Ruth has a **patch** on
her eye.

parque
park

Este **parque** tiene
muchos árboles.
This **park** has a lot
of trees.

peinar
to comb

Me gusta **peinarme**.
I like **combing** my hair.

pelear
to fight

Los amigos no se **pelean**.
Friends do not **fight**.

---

película
film

Mis **películas** preferidas
son las del oeste.
My favourite **films** are
westerns.

pelirrojo
red-haired

Este niño es **pelirrojo**.
This boy is **red-haired**.

pelo
hair

Me lavo el **pelo**.
I wash my **hair**.

pelota
ball

¿Quieres jugar
a la **pelota**?
Do you want to play
with the **ball**?

peluquería
hairdresser's

Mamá está
en la **peluquería**.
Mum is at
the **hairdresser's**.

pensar
to think

¿En qué estás **pensando**?
What are you **thinking**
about?

penúltimo, -a
last but one

El cerdo es el **penúltimo** de la fila.
The pig is the **last but one** in the line.

---

peonza
(spinning) top

Mi **peonza** gira y gira.
My **(spinning) top** spins and spins.

perder
to lose

Ha perdido su **sombrero**.
He has **lost** his hat.

periódico
newspaper

Leo el **periódico** todos los días.
I read the **newspaper** every day.

perro
dog

¿De qué raza es tu **perro**?
What breed is your **dog**?

pesar
to weigh

No me gusta **pesarme**.
I do not like **weighing** myself.

pescar
to fish

Benito está **pescando**.
Benito is **fishing**.

pez
fish

Estos **peces** parecen felices
These **fishes** look happy.

piano
piano

Tocas el **piano** bastante bien.
You play the **piano** quite well.

pie, -s
foot, feet

Mis **pies** son pequeños.
My **feet** are small.

pingüino
penguin

Los **pingüinos** viven en el Polo Sur.
Penguins live in the South Pole.

pintar
to paint

Estoy **pintando** de rosa
mi habitación.
I am **painting** my room
pink.

pipa
pipe

Mi abuelo fuma en **pipa**.
My grandfather smokes
a **pipe**.

pirata
pirate

El Capitán Garfio es
un **pirata**.
Captain Hook is a **pirate**.

piscina
swimming pool

Nado en la **piscina**.
I swim in the **swimming
pool**.

planta
plant

Cuido las **plantas**.
I take care of the **plants**.

plato
dish

El **plato** está roto.
The **dish** is broken.

---

plaza

square

Hay un reloj en la **plaza**.
There is a clock in the **square**.

poeta
poet

Los **poetas** escriben
versos.
Poets write verses.

policía
policeman

El **policía** detiene
a los coches.
The **policeman** stops
the cars.

polo
iced lolly

Me gustan los **polos**
de fresa.
I like strawberry **iced
lollies**.

polución
pollution

En esta ciudad hay
mucha **polución**.
There is a lot of
pollution in this city.

pompa
bubble

Hago **pompas** de jabón.
I make soap **bubbles**.

poner
to set

¿Me ayudas a **poner** la mesa?
Can you help me to **set** the table?

---

primero
first

El elefante es el **primero** de la fila.
The elephant is the **first** in the line.

profundo
deep

Este pozo es **profundo**.
This well is **deep**.

puente
bridge

El **puente** cruza el río.
The **bridge** crosses over the river.

puerta
door

La **puerta** está cerrada.
The **door** is closed.

puerto
harbour

Los barcos llegaron al **puerto**.
The ships arrived at the **harbour**.

pulpo
octopus

El **pulpo** tiene ocho brazos.
The **octopus** has eight arms.

puma
puma

Los **pumas** son muy veloces.
Pumas are very fast.

puro
cigar

Mi vecino fuma **puros**.
My neighbour smokes **cigars**.

puzzle
puzzle

¡Haces los **puzzles** muy bien.
You do **puzzles** quite well.

Q

---

quebrantahuesos
osprey

El **quebrantahuesos**
es un ave.
The **osprey** is a bird.

quejarse
to complain

Siempre te estás
quejando.
You are always
complaining.

quemar
to burn

Me he **quemado**
con la plancha.
I have **burnt** myself
with the iron.

querer
to love

¡Te **quiero,** madrina!
I **love** you, godmother!

queso
cheese

A los ratones les gusta
el **queso**.
Mice like **cheese**.

quieto, -a
still

El perro se queda **quieto**.
The dog stands **still**.

quinteto
quintet

Formamos un **quinteto**.
We make a **quintet**.

quirófano
operating theatre

Operan en el **quirófano**.
They operate at the
operating theatre.

quisquilla
shrimp

Flora pesca **quisquillas.**.
Flora catches **shrimps**.

quitanieves
snowplough

La máquina **quitanieves**
limpia la carretera.
The **snowplough** clears
the road.

rábano
radish

rabieta
tantrum

He comprado **rábanos**.
I have bought **radishes**.

Carmen coge una **rabieta**.
Carmen gets in a **tantrum**.

radar
radar

Los aviones tienen **radar**.
Planes have a **radar**.

racimo
bunch

Este **racimo** de uvas
es grande.
This **bunch** of grapes
is big.

radio
radio

Oigo la **radio**.
I listen to the **radio**.

radiografía
X-ray

Me han hecho
una **radiografía**.
I have had an **X-ray**
taken.

rallar
to grate

Estoy **rallando** el pan.
I am **grating** bread.

rama
branch

Hay un nido en esa **rama**.
There is a nest on that
branch.

ramillete
bouquet

Este **ramillete** es bonito.
This **bouquet** is nice to
look at.

rana
frog

La **rana** croa.
The **frog** croaks.

raqueta
racket

Juego al tenis con
una **raqueta**.
I play tennis with
a **racket**.

rascacielos
skyscraper

Los **rascacielos** tienen
muchos pisos.
Skyscrapers have a lot
of floors.

ratón
mouse

El **ratón** come queso.
The **mouse** eats cheese.

rayo
lightning

Un **rayo** lució
en el cielo.
Lightning flashed
in the sky.

raza
race

Hay cuatro **razas** humanas.
There are four human **races.**

rebaño
flock

El pastor cuida de su **rebaño**.
The shepherd looks after his **flock**.

rebuznar
to bray

El burro **rebuznó**.
The donkey **brayed**.

recoger
to pick (up)

Estoy **recogiendo** uvas.
I am **picking** grapes.

retrete
toilet

¿Puedo ir al **retrete**, por favor?
May I go to the **toilet**, please?

revés (del)
inside out

Te has puesto el jersey del **revés**.
You have put your jumper on **inside out**.

revista
magazine

Compro **revistas** en el kiosco.
I buy **magazines** at the newsstand.

rey
king

El **rey** se sienta en su trono.
The **king** sits on his throne.

rico
rich

Es un hombre **rico**.
He is a **rich** man.

río
river

Nado en el **río**.
I swim in the **river**.

risa
laugh

Tienes una **risa**
contagiosa.
You have an
infectious **laugh**.

206

robot
robot

¿Juegas con mi **robot**?
Do you want to play
with my **robot**?

rodilla
knee

Tienes una herida
en la **rodilla**.
You have a wound
on your **knee**.

---

roncar
to snore

Mi padre **ronca** toda
la noche.
My father **snores** all
night.

roto, -a
broken, torn

El pantalón está **roto**.
The trousers are **torn**.

ropa
clothes

guantes
gloves

calcetines
socks

sombrero
hat

vestido
dress

manoplas
mittens

blusa
blouse

corbata
tie

abrigo
coat

pantalones
trousers

impermeable
raincoat

botas
boots

zapatos
shoes

bufanda
scarf

camisa
shirt

jersey
jumper

chaqueta
jacket

Esta **ropa** es nueva.
These **clothes** are new.

208

S

---

sábana
sheet

Las **sábanas** de mi cama
son azules.
My bed **sheets** are blue.

sabor
taste

Hay **sabores** distintos.
There are different
tastes.

sacar
to take out

Saco los libros
de la cartera.
I **take** the books **out**
of the satchel.

saco
sack

Este **saco** pesa mucho.
This **sack** is heavy.

sal
salt

¿Me pasas la **sal**,
por favor?
Would you please pass
the **salt**?

salchicha
sausage

Me encantan las **salchichas**.
I love **sausages**.

salir
to get out

¡Sal!
Get out!

saltamontes
grasshopper

¡Mi **saltamontes**
se escapó!
My **grasshopper** ran
away!

saltar a la comba
to skip

Me gusta **saltar
a la comba**.
I like **skipping**.

saludar
to greet

Se **saludan** cuando
se ven.
They **greet** each other
when they meet.

sandalia
sandal

Tus **sandalias** son azules.
Your **sandals** are blue.

sandía
watermelon

¿Quieres **sandía**?
Do you want some
watermelon?

sarampión
measles

Mi hermano tiene
sarampión.
My brother has got
measles.

sartén
pan

Frío unos huevos
en la **sartén**.
I fry some eggs in the **pan**.

serrucho
handsaw

El carpintero utiliza
un **serrucho**.
The carpenter uses
a **handsaw**.

servilleta
napkin

Siempre utilizo
una **servilleta**.
I always uses a **napkin**.

silbar
to whistle

Sé **silbar** muy bien.
I can **whistle** very well.

silencio
silence

¡Silencio! El niño está
durmiendo.
Silence! The baby
is sleeping.

silla
chair

Esta **silla** es demasiado alta.
This **chair** is too high.

sirena
mermaid

Las **sirenas** viven en el mar.
Mermaids live in the sea.

sol
sun

¡Cuidado! El **sol** quema.
Take care! The **sun** burns!

soldado
soldier

Los **soldados** desfilan.
The **soldiers** march.

sombrero
hat

Irene lleva **sombrero**.
Irene wears a **hat**.

sopa
soup

La **sopa** está caliente.
The **soup** is hot.

sortija
ring

¡Qué **sortija** tan bonita!
What a pretty **ring**!

submarino
submarine

¿Quién inventó
el **submarino**?
Who invented the
submarine?

215

suela
sole

Tiene un agujero
en la **suela**.
It has a hole in its **sole**.

suelo
floor

¡No tires papeles al **suelo**!
Do not throw papers
on the **floor**!

---

sumar
to add

Ya sé **sumar**.
I can **add**.

susto
fright

¡Qué **susto**!
What a **fright**!

T

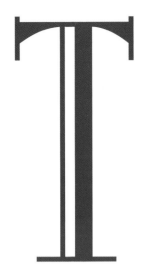

tambor
drum

Tocas
el **tambor** muy bien.
You play the **drum**
very well.

tapar
to hide

Bruno se **tapa** la cara.
Bruno **hides** his face.

217

tarde
late

La novia llega **tarde**.
The bride is **late**.

tarta
cake

¿Te gusta mi **tarta**
de cumpleaños?
Do you like my birthday
cake?

taxi
taxi

¡Qué difícil es coger un **taxi**!
How difficult is to catch a **taxi**!

218

tenis
tennis

Mi padre sabe jugar
al **tenis**.
My father can play **tennis**.

termómetro
thermometer

El **termómetro** mide
la temperatura.
The **thermometer**
measures the temperature.

terraza
balcony

Tengo flores
en la **terraza**.
I have got some flowers
on my **balcony**.

tesoro
treasure

Los piratas encontraron
un **tesoro**.
The pirates found some
treasure.

tiburón
shark

Los **tiburones** son
peligrosos.
Sharks are dangerous.

tijeras
scissors

Las **tijeras** sirven para
cortar.
Scissors are used for cutting.

timón
helm

El capitán está al **timón**.
The captain is at the **helm**.

tiovivo
merry-go-round

¡Qué divertido es montar
en el **tiovivo**!
It is fun riding on
the **merry-go-round**!

títeres
puppet show

Esto es un teatro
de **títeres**.
This is a **puppet show**.

tobogán
slide

Me gusta deslizarme
por el **tobogán**.
I enjoy sliding down
the **slide**.

tomate
tomato

En verano como **tomates**.
I eat **tomatoes** in summer.

tortuga
tortoise

Las **tortugas** andan
muy despacio.
Tortoises walk very
slowly.

transporte
transport

avión
airplane

barco
ship

globo
balloon

autobús
bus

carreta
cart

coche
car

tren
train

velero
sailing ship

Usamos los **transportes** para ir de un lugar a otro.
We use **transport** to go from one place to another.

222

tren
train

Boris viaja en **tren**.
Boris travels by **train**.

trenza
plait

¿Te gustan mis **trenzas**?
Do you like my **plaits**?

---

trompa
trunk

El elefante me regó
con su **trompa**.
The elephant watered me
with his **trunk**.

trompeta
trumpet

¿Sabes tocar la
trompeta?
Can you play the
trumpet?

tropezar
to stumble

El camarero **tropezó**.
The waiter **stumbled**.

tulipán
tulip

Holanda exporta muchos **tulipanes**.
Holland exports a lot of **tulips**.

turno
turn

Puedes cantar. Es tu **turno**.
You can sing. It's your **turn**.

turrón
nougat

En Navidad como **turrón**.
I eat **nougat** at Christmas.

U

último, -a
last

Flora es la **última**.
Flora is the **last**.

uniforme
school uniform

Este es nuestro
uniforme.
This is our **school
uniform**.

untar
to spread

¿Me **untas**
mantequilla en el pan?
Will you please **spread**
some butter on my bread?

urna
ballot box

La **urna** está vacía.
The **ballot box** is empty.

urraca
magpie

A las **urracas** les encantan
las cosas brillantes.
Magpies like shiny things.

uva
grape

El vino se elabora con **uvas**.
Wine is made from **grapes**.

V

vaca
cow

Las **vacas** mugen.
Cows moo.

vago, -a
lazy

¡Eres un **vago**!
You are **lazy**!

227

vajilla
crockery

Esta **vajilla** era
de mi abuela.
This **crockery** was
grandmother's.

valla
fence

Es una **valla** de madera.
This is a wooden **fence**.

---

vampiro, -a
vampire

No me asustan los
vampiros.
I am not afraid of
vampires.

vaso
glass

Bebo un **vaso** de agua.
I drink a **glass** of water.

vecino
neighbour

Mi **vecino** es músico.
My **neighbour** is
a musician.

vela
candle

La **vela** está encendida.
The **candle** is lit.

veleta
weather vane

La **veleta** señala
la dirección del viento.
The **weather vane** points
out the wind direction.

velocípedo
velocipede

Mi bisabuelo tenía
un **velocípedo**.
My great-grandfather had
a **velocipede**.

vendar
to bandage

Tengo el dedo **vendado**.
I have a **bandaged** finger.

vender
to sell

El hortelano **vende** melocotones.
The farmer **sells** peaches.

---

ventana
window

Me asomo a la **ventana**.
I lean out of the **window**.

ventilador
fan

¡Enciende el **ventilador**!
Turn on the **fan**!

verderón
greenfinch

El **verderón** es un pájaro
cantor.
The **greenfinch** is
a songbird.

verruga
wart

La bruja tiene una
verruga en la nariz.
The witch has a **wart** on
her nose.

veterinario, -a
vet

El **veterinario** cura
a los animales enfermos.
The **vet** looks after sick
animals.

viaje
trip

Nos vamos de **viaje**.
We go on a **trip**.

vid
grapevine

Las **vides** dan uvas.
Grapevines produce grapes.

viejo, -a
old

Estos pantalones están **viejos**.
These trousers are **old**.

vino
wine

El **vino** está en la bodega.
The **wine** is in the cellar.

violín
violin

El **violín** es un instrumento de cuerda.
The **violin** is a stringed instrument.

volante
wheel

El conductor va
al **volante**.
The driver is at the **wheel**.

volar
to fly

¡Cómo me gustaría **volar**!
How I would like to **fly**!

---

volcán
volcano

Los **volcanes** son
peligrosos.
Volcanoes are dangerous.

voto
vote

Deposité mi **voto**
en la urna.
I put my **vote** into
the ballot box.

W

walkie-talkie
walkie-talkie

Carmen y Daniel hablan por medio
de un **walkie-talkie**.
Carmen and Daniel talk with a **walkie-talkie**.

234

waterpolo
water polo

Ayer vi un partido de **waterpolo**.
Yesterday I watched a **water polo** match.

---

whisky
whisky

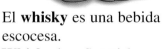

El **whisky** es una bebida escocesa.
Whisky is a Scottish drink.

windsurf (hacer)
to windsurf

Mi primo hace **windsurf**.
My cousin **windsurfs**.

xilófono
xylophone

Toco el **xilófono** en el colegio.
I play the **xylophone** at school.

xilografía
xylography

La **xilografía** es el arte de grabar sobre madera.
Xylography is the art of engraving on wood.

Y

ya
already

yacaré
cayman

Ya son las cinco.
It is **already** five o'clock.

El **yacaré** es un reptil.
The **cayman** is a reptile.

yacer
to lie

El gato **yace** sobre
la alfombra.
The cat **lies** on the carpet.

yacimiento
field

¡Mira, un **yacimiento**
de carbón!
Look, a coal **field**!

yak
yak

El **yak** tiene el pelo largo.
The **yak** has long hair.

yate
yacht

Mi tío tiene un **yate.**
My uncle has a **yacht**.

238

yegua
mare

Esta **yegua** es muy dócil.
This **mare** is very docile.

yelmo
helmet

Este **yelmo** es mío.
This **helmet** is mine.

yema
yolk

La **yema** del huevo
es amarilla.
Egg **yolk** is yellow.

yen
yen

El **yen** es la moneda
de Japón.
The **yen** is the Japanese
currency.

yerno
son-in-law

El marido de mi hija
es mi **yerno.**
My daughter's husband
is my **son-in-law**.

yeso
plaster

Este saco contiene **yeso.**
This sack contains **plaster**.

yo
I

Yo soy Ana.
I am Ana.

yodo
iodine

Me curaron la herida
con **yodo.**
My wound was treated
with **iodine**.

yoga
yoga

Mi madre practica **yoga.**
My mother practises **yoga**.

---

yogur
yoghurt

Tomo un **yogur** todos
los días.
I have a **yoghurt** every
day.

yoyó
yo-yo

Mi **yoyó** sube y baja.
My **yo-yo** is going up
and down.

yudo
judo

Mi hermano es cinturón
negro de **yudo.**
My brother has a
black belt in **judo**.

yugo
yoke

Pongo el **yugo**
a las mulas.
I put the **yoke**
on the mules.

yunque
anvil

El herrero tiene un **yunque.**
The smith has an **anvil**.

Z

zafiro
sapphire

El zafiro es azul.
The **sapphire** is blue.

zambullir
to plunge

Me encanta
zambullirme en el agua.
I love **plunging** into the
water.

243

zanahoria
carrot

El conejo come
zanahorias.
The rabbit eats **carrots**.

zancadilla (poner la)
to trip up

¿Por qué me has puesto
la **zancadilla**?
Why did you **trip** me **up**?

zángano
drone

El **zángano** es una abeja
macho.
The **drone** is a male
honey-bee.

zanja
ditch

Esta **zanja** es muy profunda.
This **ditch** is very deep.

zapatero, -a
shoemaker

El **zapatero** arregla
zapatos.
The **shoemake**r repairs
shoes.

zapatilla de baile
dancing shoe

¿Te gustan mis **zapatillas**?
Do you like my **dancing
shoes**?

zar
czar

El **zar** era el emperador
de Rusia.
The **czar** was the Russian
emperor.

zarigüeya
opossum

Las **zarigüeyas** viven
en América.
Opossums live in
America.

zarpa
paw

La **zarpa** del león
es peligrosa.
The lion's **paw**
is dangerous.

zarpar
to weigh anchor

El buque **zarpó** a las seis.
The ship **weighed anchor**
at six o'clock.

zarza
bramble

Las **zarzas** tienen pinchos.
Brambles have thorns.

zepelín
Zeppelin

Un **zepelín** es un viejo
dirigible.
A **Zeppelin** is an old airship.

zoo
zoo

Hay muchos animales en el **zoo.**
There are a lot of animals at the zoo.

---

zorro
fox

El **zorro** es un animal
muy astuto.
The fox is a cunning
animal.

zueco
clog

Se usan **zuecos**
en regiones húmedas.
People use clogs
in wet countries.

zumba
bell

El buey lleva una **zumba**.
The ox has a **bell**.

zumo
juice

¡Un **zumo** de limón,
por favor!
A lemon **juice,** please!

zurcir
to mend

¿Me **zurces** el pantalón?
Can you **mend** my
trousers?

zurdo
left-handed

Yo soy **zurdo.**
I am **left-handed**.